Intención e Innovación

Branding para el Emprendedor Moderno

Joaby-Wan

ISBN: 978-1-965703-02-1

First Edition

Visit us at www.nully.pro

Intención e Innovación

Por los errores cometidos ,
Y a ti, mi musa,
Por siempre mejorar mi perspectiva y desafiar
mi percepción, enseñándome a ver el mundo de
formas que nunca imaginé.

"Todos somos Miembros"

– G.F

Contenidos

Intención   01
Visión   05
Valores Fundamentales   09
Identidad de Marca   13
De 0 a 11   17
Sistemas   23
Dinero   27
Dinero   31
Dualidad   37
Habilidades   39
Creativo   43
Individualidad   47
Liderazgo   51
Grupos   57
Comunicación   65
Inovación   71
Epilogo   75

Intención

Mis respetos, no solo por elegir este libro, sino por tener el valor de buscar la excelencia donde muchos otros simplemente mantienen el status quo. Ser dueño de un negocio no es fácil; requiere Ser decidido y perseverante, siempre enfocado en la búsqueda continua de mejoras. Si estás leyendo esto, ya estás en el camino correcto, y sinceramente admiro tu audacia. Ya sea que hayas comenzado tu negocio o que solo lo estés considerando, me enorgullece que hayas dado este paso.

Al adentrarnos en las narrativas de este libro, es importante entender que esto no se trata solo de negocios, sino de dominar el arte del comercio, que ha evolucionado desde los antiguos bazares hasta los mercados digitales de hoy en día. Has entrado en un ámbito donde muchos han tropezado, y por eso mereces reconocimiento. Ya sea el comercio de bienes, emociones o conocimiento, la esencia del intercambio sigue siendo una profunda transacción que da forma a nuestro mundo.

Antes de siquiera comenzar a conceptualizar cómo debería ser un buen negocio o cómo debería operar, hay asuntos más importantes que abordar. A lo largo de este libro, profundizaremos en una multitud de ideas, metodologías, consejos, herramientas y perspectivas sobre cómo las personas perciben los negocios. Sin embargo, un tema central permanecerá constante: la intención.

La intención es la fuerza motriz detrás de cada negocio exitoso, dando forma a su propósito, guiando sus acciones e influyendo en sus resultados. Si hay algo que debes llevarte de este libro, que sea este principio fundamental.

¿Pero por qué es tan crucial la intención? Porque al comprender la intención, descubrimos una nueva capa de conocimiento. Conecta puntos a través de diversas disciplinas, haciendo que ideas complejas se vuelvan sorprendentemente claras y accesibles. Es como de repente ver el plano detrás de una máquina compleja. Esta comprensión transforma nuestra manera de pensar, mejorando nuestra capacidad para cuestionar y aprender.

Imagina abordar cada nueva información con esta mentalidad. ¿Qué verdades más profundas podríamos descubrir sobre el mundo y sobre nosotros mismos? Al centrarnos en la intención, nos preparamos para pensar de manera más crítica, hacer preguntas más perspicaces y establecer conexiones más significativas. No se trata solo de recopilar hechos; se trata de comprender la esencia misma que une esos hechos.

En un mundo donde las distracciones son abundantes y el enfoque es un recurso fugaz, es fácil perderse en la neblina de la vida cotidiana. Nos encontramos constantemente divididos, es fácil distraerse con el ruido y perder de vista lo que realmente importa. Nuestras mentes están continuamente bombardeadas con notificaciones, redes sociales y listas interminables de tareas, lo que dificulta cultivar un sentido de propósito y dirección. Pero, ¿y si hubiera una manera de despejar el desorden?, Alguna forma de silenciar el bullicio y de conectarse con un profundo sentido de propósito y dirección.

Durante siglos, el antiguo arte japonés del Shodo, o caligrafía, ha guardado los secretos para cultivar la intención, la disciplina y la atención plena. Cada trazo en el Shodo se ejecuta con tal intención experta que solo otros maestros, con un alto nivel de cualificación y experiencia, pueden apreciar plenamente la profundidad y el significado que resguardan. Este nivel de maestría resalta la profunda comprensión y conocimiento incrustados en esta forma de arte. A diferencia de la creencia común de que el arte debe transmitir emociones o narrativas específicas, el Shodo enfatiza la pureza de la intención y la precisión en la ejecución, creando una práctica meditativa que trasciende la mera representación.

En realidad, muchos artistas no se centraban en expresar sus emociones personales o en ofrecer respuestas definitivas. En cambio, su verdadera intención a menudo era compartir, comunicar sus perspectivas e intenciones únicas con el mundo. Al explorar las intenciones detrás de varios artistas y los movimientos culturales que produjeron obras tan bellas, podemos descubrir significados y referencias más profundas.

La cuestión de la intención sigue siendo central y profundamente intrigante, ya que sirve como la base sobre la cual se construyen todas las formas de expresión. Este concepto va más allá del arte, permeando cada aspecto de la vida. En todo lo que hacemos, podemos encontrar la belleza de la intención, ya que moldea nuestras acciones, guía nuestras decisiones e influye en nuestras interacciones con el mundo que nos rodea.

Visión

Mi objetivo al escribir este libro fue introducir el concepto de la intención no solo como una forma de ver la vida, sino también como un componente crucial en los negocios."

¿Cómo transmites la intención en tu negocio? ¿Cuáles son tus intenciones hacia tu negocio: su gestión, sus equipos, sus líderes, su gente, su comunidad y el mundo en general? Reflexiona sobre si tus acciones están alineadas con una visión tan expansiva y profunda como el universo mismo.

Reflexionar profundamente sobre esto puede transformar tu enfoque empresarial, llevando a la creación de una declaración de visión que no solo guíe, sino que también inspire y eleve cada aspecto de tu organización. Redactar una declaración de visión puede ser tan simple o tan complejo como decidas. La clave es comprender que, aunque el enfoque pueda variar, el objetivo final sigue siendo el mismo: definir una dirección clara y convincente para tu negocio.

Imagina tu negocio como una entidad separada de ti mismo. Esta separación te permite ver sus necesidades, ambiciones y potencial de manera más objetiva.

Por ejemplo, si eres alguien que se inclina hacia el estoicismo, los números y las estadísticas, piensa en tu negocio como un juego—un complejo RPG en el que eres el estratega, guiando a tu personaje para alcanzar su objetivo final. Recuerda, el personaje no eres tú; es solo un rol que estás dirigiendo.

Tu tarea es escuchar la voz interior de tu negocio, tal como escuchamos nuestra propia conciencia.

Por otro lado, si eres un emprendedor impulsado por sentimientos y emociones, visualiza tu negocio como un niño en crecimiento. Esta distinción te permite ver el negocio como una entidad propia, con sus propios sueños y aspiraciones. Te da la libertad de encaminarlo en su propio camino.

¿Para qué Sirve? Porque separa tu identidad personal de tu negocio, lo que te otorga la objetividad necesaria para dirigirlo de manera efectiva. Por supuesto, eres el arquitecto detrás de todo—la responsabilidad es tuya. Pero al ver tu negocio como un ser independiente, se vuelve más fácil comprender lo que una verdadera declaración de visión debe abarcar. Esta perspectiva también te libera de muchas otras limitaciones y sesgos, permitiéndote abordar los desafíos con una mentalidad más clara y enfocada.

Una declaración de visión actúa como un faro, iluminando el camino por delante y asegurando que cada decisión, cada acción, y toda reacción se alinee con tu objetivo final. Articula dónde ves a tu negocio en el futuro y proporciona un marco para tomar decisiones estratégicas.

Pregúntate: si tu negocio fuera un niño, ¿en qué tipo de persona querrías que se convirtiera? ¿Qué cambios haría en el mundo? Si pudieras preparar todo de manera perfecta para las futuras generaciones, comenzando con este negocio, ¿cuál sería su alcance y sus aspiraciones? ¿Cuál es el objetivo final?

Al definir estos elementos, transformas ideas abstractas en una visión concreta. Ya sea que veas tu negocio como un juego a ganar o como un niño al que cuidar, el destino es el mismo: una entidad exitosa y con propósito que perdura en el tiempo.

Registrar tu negocio y encontrar la estructura adecuada es sencillo—piensa en ello como iniciar sesión en un juego o personalizar tu avatar.

Es el primer paso, y aunque es importante, no es la parte más desafiante de tu viaje. La verdadera aventura comienza al definir tu visión e intención. Esta declaración de visión será la estrella guía para tu negocio, asegurando que cada decisión, cada estrategia y cada acción te impulsen hacia tu objetivo final.

Una declaración de visión debe ser concisa pero poderosa, encarnando claridad y determinación. Cada palabra debe estar impregnada de intención, reflejando las aspiraciones fundamentales de tu negocio. Apunta a objetivos que sean audaces, visionarios y aparentemente inalcanzables—aquellos que desafían el status quo y amplían los límites de lo posible. Estos objetivos audaces no solo son recomendados, sino que son vitales para fomentar la innovación y el éxito a largo plazo. Al redactar una declaración de visión de este tipo, creas una estrella guía para tu negocio, asegurando que cada decisión, estrategia y acción esté alineada con tus metas.

Valores Fundamentales

Mientras que una declaración de visión ilumina el camino a seguir, son tus valores fundamentales los que forman la base sobre la cual se asienta tu negocio. Estos valores son las creencias fundamentales y los principios rectores que influyen en cada decisión, acción e interacción dentro de tu organización. Para que esto funcione tienes que imaginar tu negocio como un jardín floreciente, con tus valores fundamentales como el suelo rico y fértil que nutre y sostiene cada planta. Así como las raíces de un árbol proporcionan estabilidad y nutrientes esenciales, los valores fundamentales arraigan tu negocio, moldeando su cultura y asegurando su crecimiento y resiliencia. Al cultivar una base sólida de valores fundamentales, creas un entorno donde tu negocio puede prosperar, florecer y alcanzar su máximo potencial.

Tu negocio debería ser una aventura, muy parecida a un MMORPG inmersivo (Massively Multiplayer Online Role-Playing Game). Tu visión es el destino final—una ciudad deslumbrante en el horizonte a la que tú y tu equipo están esforzándose por llegar. Sin embargo, los valores fundamentales son las herramientas esenciales y los mapas en tu inventario, guiando tu viaje y asegurando que cada paso que des esté alineado con tu propósito final.

Piensa en los valores fundamentales como la brújula que siempre apunta al norte verdadero y el mapa detallado que muestra cada camino oculto y obstáculo. En el mundo de los videojuegos, estas herramientas son indispensables. Te ayudan a navegar por terrenos complejos, evitar trampas y tomar decisiones estratégicas que te mantienen en el camino correcto. De manera similar, en tu negocio, los valores fundamentales proporcionan la dirección y claridad necesarias para superar desafíos y mantenerte fiel a tu misión.

En los videojuegos, los jugadores deben confiar en sus habilidades, herramientas y alianzas para avanzar por los niveles y alcanzar sus objetivos. Tu negocio funciona de manera muy similar. Los valores fundamentales son las habilidades y principios que empoderan a tu equipo, construyen la confianza con tus clientes y crean una organización cohesionada y resiliente. Son las verdades inquebrantables que mantienen a todos alineados y motivados, incluso cuando el viaje se vuelve desafiante.

Aunque existen innumerables valores fundamentales que se pueden aplicar en el mundo de los negocios, hay tres principales que quiero destacar: coraje, integridad y responsabilidad. Cada empresa debería encarnar estos valores porque forman la base para alcanzar la excelencia y generar un impacto positivo.

Tu negocio nunca debería rehuir los desafíos. El coraje empodera a tu organización para dar pasos audaces, innovar y crecer, incluso frente a la adversidad. Se trata de tomar decisiones difíciles y mantenerte firme en tus convicciones.

Al igual que un héroe en una historia enfrenta los obstáculos de frente, tu negocio debe abordar los desafíos con valentía y confianza.

Este es el pilar de la confianza y la fiabilidad. La integridad asegura que tu negocio opere de manera transparente y ética.

Cuando tu empresa se compromete con la honestidad y a hacer lo correcto, construye una reputación en la que clientes y socios pueden confiar. Piensa en la integridad como la brújula moral que mantiene a tu negocio en el camino correcto, sin importar las circunstancias.

La responsabilidad es acerca de la gestión y el cuidado responsable de los recursos confiados a tu negocio. Se trata de tomar decisiones que beneficien no solo a la empresa, sino también a tus empleados, clientes y la comunidad en general. La responsabilidad garantiza que tu negocio contribuya positivamente a la sociedad y mantenga su éxito a largo plazo.

Imagina estos valores como los principios rectores que informan cada decisión que tomas. Con el coraje, la integridad y la responsabilidad en el centro, tu negocio puede navegar por cualquier terreno, al igual que un aventurero experto en un videojuego equipado con las mejores herramientas y estrategias.

Incluso si la vida te presenta muchos desafíos, y todos sabemos lo impredecible que puede ser, estos valores fundamentales servirán como los pilares que mantendrán tu negocio firme y enfocado. Cuando tu negocio encarna el coraje, nunca retrocederá ante las oportunidades. Cuando mantiene la integridad, siempre operará con honestidad y equidad. Y cuando practica la responsabilidad, garantizará que sus acciones beneficien a todos los involucrados.

Al inculcar estos valores en la cultura de tu empresa, creas un entorno donde otros valores positivos pueden florecer. El coraje, la integridad y la responsabilidad establecen las bases para un negocio próspero y con principios, que no solo alcanza sus metas, sino que también genera un impacto significativo.

Identidad de Marca

Por último, hablemos de la creación de una identidad de marca atractiva. Esta es la culminación de todo lo que hemos cubierto hasta ahora, integrando la intención, la visión y los valores fundamentales en una imagen de marca cohesiva y poderosa. Si pensamos en tu marca como o un niño, ¿cómo quieres que el mundo la perciba? ¿Qué vestirá, cómo hablará y qué emociones evocará? Tu identidad de marca es la persona que tu negocio presenta al mundo, abarcando la apariencia visual, el estilo de comunicación y los valores que representa.

Visualiza tu marca como un personaje en un videojuego. Así como eliges cuidadosamente los atributos, trajes y habilidades para tu personaje del juego, debes diseñar cada detalle de la identidad de tu marca. ¿Cómo se ve tu personaje? ¿Qué tipo de ropa usa? ¿Qué expresiones faciales muestra y cómo se comunica? Estas elecciones definen cómo otros jugadores perciben a tu personaje en el juego, de la misma manera en que el mundo percibe a tu marca.

Imagina configurando tu marca en una pantalla de creación de personajes. Eliges su apariencia, voz e incluso su historia de fondo. Estos elementos se combinan para crear una personalidad única.¿Qué sienten las personas cuando se encuentran con tu marca? Qué recuerdos o asociaciones evoca?

Estos elementos son cruciales para formar una conexión duradera con tu audiencia.

Tu identidad de marca debe reflejar la personalidad única de tu negocio. No se trata solo de la estética; se trata de transmitir un mensaje y construir una relación con tu audiencia. La consistencia es crucial: asegúrate de que los elementos visuales de tu marca, el tono de voz y los valores estén armonizados en todas las plataformas e interacciones. Esta coherencia refuerza la imagen de tu marca y fomenta la lealtad y la confianza entre tu audiencia.

No se puede subestimar la importancia de comprender tu intención y valores fundamentales. Estos elementos básicos guían cada aspecto de la identidad de tu marca. La intención impulsa el propósito, dando a tu marca una dirección y misión claras. Los valores fundamentales aseguran la consistencia y la integridad en tus acciones y comunicaciones. Juntos, crean una marca que no solo es reconocible, sino también confiable y respetada.

Las declaraciones de misión juegan un papel vital en mantener tu marca encaminada para alcanzar sus objetivos. Estas declaraciones no son estáticas; pueden evolucionar y mejorar con el tiempo, reflejando el crecimiento y aprendizaje de tu negocio. Sin embargo, la esencia de tu misión debe permanecer constante, arraigada en las buenas intenciones que guían tus acciones. Nunca renuncies a tu misión porque evoluciona contigo, asegurando que tus objetivos siempre estén alineados con tus valores fundamentales y visión.

Crear una identidad de marca atractiva implica una consideración cuidadosa y un pensamiento estratégico. Se trata de mucho más que diseñar un logotipo o elegir colores; es crear una personalidad que resuene con las personas y se destaque en un mercado saturado. Tu identidad de marca es un reflejo de quién eres, qué representas y hacia dónde te diriges.

Al integrar la intención, los valores fundamentales y una

visión clara, puedes crear una marca que no solo capte la atención, sino que también inspire y conecte con tu audiencia a un nivel más profundo.

Tu identidad de marca es la cara pública de tu negocio, moldeada por tu intención, visión y valores fundamentales. Es cómo el mundo percibe tu negocio y cómo este comunica su esencia. Al crear meticulosamente tu identidad de marca y asegurarte de que esté alineada con los principios fundamentales de tu empresa, puedes desarrollar una marca poderosa, cohesiva y atractiva que deje una impresión duradera y empuje tu negocio hacia adelante.

De 0 a 11

C on una sólida base de valores fundamentales, es igualmente importante dominar el arte de la toma de decisiones. Para ayudarte a navegar por este aspecto crucial del negocio, he desarrollado un concepto que simplifica el proceso de toma de decisiones en cuatro estados distintos. Este enfoque es tanto sencillo como poderoso, proporcionando un marco claro para abordar cualquier elección que se te presente.

0-0: Este es el estado en el que no tomas ninguna acción, y como resultado, no ocurre nada. Es como estar AFK (away from keyboard, o lejos del teclado) en un juego—no estás participando, y por lo tanto, nada cambia. Muchas personas viven sus vidas en este estado, observando pasivamente sin hacer ningún movimiento. Es fácil caer en esta trampa porque nuestro mundo está diseñado para hacer las cosas más fáciles para nosotros. Cada negocio, cada nueva idea busca simplificar nuestras vidas. Sin embargo, muchos de nosotros confundimos "más fácil" con "quedarse en el mismo lugar."

La razón por la cual existe el estado 0-0 es para recordarnos esta idea errónea. Es un estado de mera existencia—hermoso en su simplicidad, sí, pero en última instancia, improductivo. Recuerda cuando eras niño, y tu mayor preocupación era decidir qué comer después. Ese estado despreocupado a menudo se romantiza, y muchas personas anhelan esa simplicidad.

Se enamoran de la idea de quedarse quietos, creyendo que es una solución a las complejidades de la vida.

Pero aquí está el truco: si bien los momentos de descanso y simplicidad tienen su lugar, el progreso y la satisfacción provienen de participar activamente en oportunidades y desafíos. Imagina tu negocio como una gran aventura en un MMORPG. Al igual que en un juego, quedarte quieto no te dará puntos de experiencia ni te ayudará a subir de nivel. Para avanzar, necesitas interactuar con el mundo del juego, completar misiones e interactuar con otros personajes.

El estado 0-0 puede sentirse cómodo y seguro, como los recuerdos nostálgicos de la infancia. Sin embargo, para realmente prosperar, necesitas salir de este estado pasivo. Reconoce que "más fácil" debería significar facilitar la acción, no evitarla. Abraza el viaje con coraje, integridad y responsabilidad. Al hacerlo, aseguras que tu negocio no solo sobreviva, sino que florezca, evolucionando con cada paso que des.

En el estado 0-1, surge una oportunidad, pero no estás ahí para aprovecharla. Esto puede llevar al arrepentimiento cuando te das cuenta de lo que te perdiste. Es similar a una misión perdida en un juego—disponible pero no reclamada porque no estabas prestando atención. Este estado es más complejo de lo que parece, y su impacto en nuestra psique puede ser profundo.

Considera este escenario: se presenta una oportunidad, pero no haces nada. No la persigues activamente, por lo que solo hay dos posibles resultados: o pierdes la oportunidad, o de alguna manera te cae en el regazo sin esfuerzo de tu parte. Todos conocemos a esas personas con "buena suerte" que parecen salir bien paradas sin importar lo que suceda. Por eso a la gente le atrae el juego; les gusta creer en la suerte y los milagros. Y aunque creer en milagros puede ser algo hermoso, depender únicamente de la suerte no es una estrategia.

¿Pero qué pasa si la oportunidad se pierde? Aquí es donde entra el arrepentimiento, una de las cargas psicológicas más pesadas que llevamos. Entender el estado 0-1 nos ayuda a ver que las oportunidades perdidas no son necesariamente culpa de nadie. No estabas allí para hacer que sucediera, por lo que no hay a quién culpar. Sin embargo, el sentimiento de arrepentimiento puede ser muy poderoso y debilitante.

Piensa en quienes pasan años estudiando, haciendo todo lo correcto, y aun así se pierden oportunidades. Experimentan una sensación de futilidad, cuestionándose por qué su arduo trabajo no dio frutos. Esto nos lleva al estado 1-0, donde estás haciendo el esfuerzo y te presentas, pero los resultados no llegan. Es frustrante y desalentador, como esforzarse en un juego sin lograr progresar. Esto suele ocurrir por la falta de metas claras o porque los esfuerzos no están bien alineados.

¿Qué pasa con las personas trabajadoras que invierten toda su energía en sus empleos, creyendo que la perseverancia por sí sola les traerá éxito? Siguen esforzándose, pero nada parece cambiar. Este estado se caracteriza por una búsqueda implacable sin una dirección clara. Es la esperanza de que, si siguen trabajando duro, eventualmente llegara todo a sus pies.

Sin embargo, este esfuerzo implacable puede llevar al agotamiento y la desilusión. Observa nuestra sociedad actual: los crecientes costos de vida, educación y necesidades básicas han creado una situación en la que, incluso aquellos que trabajan incansablemente, luchan por avanzar. Muchos jóvenes están agobiados por préstamos estudiantiles y títulos que pueden no garantizar un empleo. Esta es la dura realidad del estado 1-0.

Las personas en este estado se sienten agotadas, cuestionando constantemente el valor de sus esfuerzos. Ven a otros teniendo éxito con aparentemente menos esfuerzo y se preguntan qué están haciendo mal. La frustración de trabajar duro sin obtener resultados tangibles puede ser abrumadora.

Los estados 0-1 y 1-0 destacan los desafíos de las oportunidades perdidas y los esfuerzos incesantes.

Ambos estados pueden llevar a sentimientos de arrepentimiento, frustración y desilusión. Es importante reconocer estos estados y entender que forman parte del viaje.

Recuerda el estado 0-0, donde no se toma ninguna acción y nada cambia. El mundo sigue avanzando, las oportunidades continúan existiendo, pero permanecen fuera de tu alcance debido a tu inacción. La clave es evitar quedar atrapado en los estados 0-1 y 1-0 alineando tus esfuerzos con metas claras y estando presente para aprovechar las oportunidades cuando surjan.

Ahora, profundicemos en el estado 1-1, el estado ideal que quiero que todos comprendan y adopten. Este estado va más allá de una mentalidad de "hazlo"; se trata de estar completamente presente y abierto a las posibilidades. Es un estado de positividad, compromiso y toma de control de tu destino.

La belleza del estado 1-1 radica en su naturaleza dual. Primero, estás presente, tomando decisiones activamente y dando forma a tu futuro. Eres el escultor de tu destino, la causa de lo que viene a continuación. Este acto de creación es poderoso y hermoso en sí mismo. Pero hay otro aspecto: las oportunidades que surgen. Cada decisión, cada nuevo aspecto de la vida, cada evento inesperado representa un potencial. La magia del estado 1-1 está en reconocer y aprovechar estos momentos.

Considera el concepto del multiverso y el experimento del gato de Schrödinger, un experimento mental en el que un gato en una caja puede estar tanto vivo como muerto hasta que se observe. En el contexto de la toma de decisiones, el gato y la caja representan el segundo "uno" en el estado 1-1. La caja contiene posibilidades infinitas, pero es tu acción la que determina el resultado.

En el estado 00, no hay gato, no hay caja y no hay decisión. En el estado 01, hay una caja con un posible gato, pero no estás allí para abrirla.

Podría contener cualquier cosa—un gatito, un cupón para un millón de gatos, o nada en absoluto. La oportunidad está presente, pero se desperdicia sin tu participación.

En el estado 10, las personas deambulan sin rumbo fijo, esperando encontrar una caja algún día. Pueden estudiar cajas, ver videos sobre gatos o desear que aparezca una caja, pero sin un objetivo claro, sus esfuerzos no producen resultados. Es un estado de preparación perpetua sin acción.

El estado 11, sin embargo, es donde estás presente para abrir la caja. Tomas la iniciativa. Ya sea que encuentres un gato, una caja vacía o algo completamente diferente, aprendes y creces a partir de la experiencia. Tal vez descubras que necesitas abordar la próxima caja de manera diferente. Quizás te vuelvas tan hábil en abrir cajas que el contenido ya no te sorprenda, sino que te emocione por su potencial. La verdadera recompensa está en el acto de abrir la caja y comprometerte con lo que encuentres.

El estado 1-1, sin embargo, es donde estás presente para abrir la caja. Tomas la iniciativa. Ya sea que encuentres un gato, una caja vacía o algo completamente diferente, aprendes y creces a partir de la experiencia. Tal vez descubras que necesitas abordar la próxima caja de manera diferente. Quizás te vuelvas tan hábil en abrir cajas que el contenido ya no te sorprenda, sino que te emocione por su potencial. La verdadera recompensa está en el acto de abrir la caja y comprometerte con lo que encuentres.

Al adoptar el estado 1-1, transformas fundamentalmente tu enfoque hacia la toma de decisiones y, en consecuencia, la esencia de los tres valores fundamentales: coraje, integridad y responsabilidad. El coraje en el estado 1-1 es más que simplemente enfrentar los desafíos de frente. Se trata de estar presente y ser proactivo en cada momento, aprovechando las oportunidades a medida que surgen, sin esperar el momento perfecto.

Es el valor de tomar riesgos, sabiendo que cada decisión es un paso hacia el crecimiento y el descubrimiento. Se trata de moldear activamente tu futuro, entendiendo que eres el escultor de tu destino.

La integridad en el estado 1-1 trasciende la noción tradicional de honestidad y comportamiento ético. Se convierte en la fuerza guía que asegura que cada decisión esté alineada con tus valores fundamentales y tu visión. Estar presente y comprometido significa que tus acciones reflejan constantemente tus principios, manteniendo la confianza y la fiabilidad en cada interacción. La integridad se trata de ser fiel a tu misión, incluso cuando te enfrentas a oportunidades o desafíos inesperados.

La responsabilidad en el estado 1-1 se trata de asumir la responsabilidad de tomar decisiones que beneficien no solo a tu negocio, sino también a tus empleados, clientes y la comunidad en general. Es administrar los recursos con sabiduría y asegurarse de que cada acción que tomes contribuya positivamente a la sociedad. En el estado 1-1, la responsabilidad significa reconocer el potencial en cada situación y cultivarlo para crear valor para todos los involucrados.

Al hacer esto, adoptas un enfoque proactivo, comprometido y optimista hacia los negocios y la vida. Transforma la manera en que ves los desafíos y las oportunidades, destacando la importancia de estar presente y tomar decisiones intencionales y de impacto. Al vivir en el estado 1-1, alineas tus acciones con tus valores fundamentales, impulsando tu negocio hacia el éxito y la realización. En última instancia, el estado 11 aporta una nueva profundidad al coraje, la integridad y la responsabilidad, haciendo que estos fundamentales sean más dinámicos e integrales en el viaje de tu negocio. Asegura que cada paso que des sea intencional y esté alineado con tu visión, creando una organización próspera y con principios que no solo alcanza sus metas, sino que también genera un impacto significativo en el mundo.

Sistemas

Implementar sistemas robustos es crucial para el éxito de cualquier negocio. Aunque muchas personas asocian los sistemas con hacer los procesos más rápidos, mejores o más eficientes, el verdadero propósito de un sistema es mucho más simple: se trata de crear un marco consistente y comprensible que cualquiera pueda seguir. Un sistema es esencialmente un método documentado para realizar tareas específicas dentro de tu negocio. Ya sea tan complejo como un protocolo de seguridad de Inteligencia Artificial o tan simple como usar bolígrafos de diferentes colores para diferentes tareas, si está escrito y explicado, es un sistema.

Esto es básico: si designas un bolígrafo rojo para firmar autógrafos y un bolígrafo negro para firmar documentos oficiales, y documentas esta regla, se convierte en un sistema. Este sistema funciona porque es claro y comprensible. Cualquier persona nueva en el negocio puede aprender rápidamente y seguir la regla, garantizando la consistencia. La simplicidad del sistema no disminuye su importancia; es efectivo porque proporciona instrucciones claras y elimina la ambigüedad.

La clave para los sistemas exitosos es la documentación. Poner tus procesos por escrito los hace reales y accionables. Proporciona un punto de referencia para que cualquier persona en tu negocio entienda cómo deben hacerse las cosas.

Esto es especialmente importante para garantizar la continuidad y la claridad, tanto para los empleados actuales como para las Futuras Generaciones.

Los sistemas operacionales aseguran que tu negocio funcione sin problemas. Esto incluye sistemas de TI para asegurar los datos de tu empresa, sistemas de gestión de relaciones con los clientes (CRM) para manejar las interacciones con los clientes y sistemas de apoyo logístico para gestionar inventarios y cadenas de suministro. Cada uno de estos sistemas desempeña un papel vital en el mantenimiento de la eficiencia y la seguridad de tus operaciones.

Estos sistemas son esenciales para mantener la transparencia y la responsabilidad. A pesar de su importancia, muchas empresas pasan por alto la necesidad de documentar los procesos financieros, lo que puede llevar a inconsistencias y errores.

Para implementar sistemas efectivos en tu negocio, comienza por identificar los procesos clave que necesitan ser estandarizados. Documenta cada paso de manera clara, explicando su propósito y método. Asegúrate de que estos documentos sean fácilmente accesibles para todos los que los necesiten. Esta transparencia fomenta una cultura de responsabilidad y eficiencia.

Llevemos este concepto al extremo. Imagina tu negocio como un videojuego. En un juego, todo se reduce a ceros y unos, un código binario que dicta cada acción y resultado. Como dueño de un negocio, no solo estás gestionando operaciones; esencialmente eres un programador, creando y refinando los sistemas que impulsan tu negocio hacia adelante. Cada regla, cada procedimiento y cada protocolo es una línea de código que asegura que tu negocio funcione de manera fluida y efectiva. Si decides ver tu negocio desde diferentes perspectivas, te vuelves similar a un médico.

Así como un médico comprende las complejidades de cómo funcionan cada órgano y célula dentro del cuerpo, debes entender cómo opera cada aspecto de tu negocio. Este entendimiento integral te permite convertirte en un experto en los sistemas de tu negocio, capaz de diagnosticar problemas y optimizar el rendimiento.

Ver tu negocio como un juego o como un organismo vivo resalta la importancia de los sistemas. En un juego, cada acción está predefinida por el código, lo que garantiza consistencia y rendimieno. En un organismo vivo, los sistemas aseguran que cada parte funcione de manera armoniosa para mantener la salud y la vitalidad. Al aplicar estos principios a tu negocio, puedes crear un entorno donde todo funcione como un reloj, guiado por sistemas claros y bien documentados.

En resumen, los sistemas son esenciales para cualquier negocio. Proporcionan un marco claro y consistente para realizar tareas, asegurando que todos comprendan cómo deben hacerse las cosas. Ya sea una regla simple sobre los colores de los bolígrafos o un protocolo de seguridad de TI complejo, documentar tus sistemas es clave para su efectividad. Al implementar y mantener sistemas robustos, puedes garantizar que tu negocio opere de manera fluida y eficiente, allanando el camino para un crecimiento y éxito sostenibles. Adopta la mentalidad de un programador o un médico, y verás cómo tu negocio se transforma a través del poder de sistemas bien diseñados.

Dinero

Implementar sistemas financieros oficiales es crucial para el éxito y la estabilidad de cualquier negocio. Establecer protocolos financieros robustos y sistemas contables para gestionar con precisión los flujos de efectivo, los presupuestos y los informes financieros es esencial, pero va más allá de los aspectos técnicos. Se trata de moldear la cultura financiera de tu empresa, entender tu relación con el dinero y definir cómo se utilizará para impulsar tu negocio hacia adelante.

Los sistemas financieros proporcionan la base para todas las operaciones comerciales. Aseguran que cada transacción sea registrada, cada Unidad sea contabilizado y que la salud financiera pueda ser monitoreada y gestionada de manera efectiva. Sin estos sistemas, un negocio puede caer rápidamente en el desorden, lo que dificulta el seguimiento del rendimiento, la gestión de los gastos o la toma de decisiones informadas.

En el núcleo de cualquier sistema financiero están los procesos para gestionar los flujos de efectivo, los presupuestos y los informes financieros. Estos sistemas te ayudan a comprender de dónde proviene tu dinero, hacia dónde va y cómo se está gastando.

La elaboración precisa de informes financieros proporciona información sobre la rentabilidad, la liquidez y la salud financiera general, lo que te permite tomar decisiones estratégicas que impulsen el crecimiento y la sostenibilidad.

Implementar sistemas financieros no se trata solo de números. Se trata de crear una cultura del dinero dentro de tu organización. Esta cultura refleja tus actitudes y creencias sobre el dinero y dicta cómo se gestionan y utilizan los recursos financieros. Considera la cultura del dinero de tu empresa: ¿Tienes miedo al dinero o lo abrazas? ¿Ves el dinero como una herramienta para el bien o simplemente como un medio para un fin? ¿Te enfocas en enriquecer a los propietarios o priorizas el bienestar de tus empleados y de la comunidad?

Definir la cultura del dinero en tu empresa implica hacer preguntas críticas: ¿Qué significa el dinero para tu negocio? ¿Cómo planeas usarlo para alcanzar tus objetivos? ¿Están tus prácticas financieras alineadas con tus valores fundamentales y visión? Comprender las respuestas a estas preguntas te ayuda a establecer una filosofía financiera clara que guíe tu proceso de toma de decisiones.

Una vez que tengas una comprensión clara de la cultura del dinero en tu empresa, puedes comenzar a implementar los sistemas financieros necesarios. Esto implica establecer procesos para gestionar los presupuestos de capital, la elaboración de informes financieros y el monitoreo del flujo de efectivo. La clave es asegurarse de que estos sistemas estén documentados y sean accesibles, creando un aura de transparencia y responsabilidad dentro de tu organización.

En la era digital actual, las empresas tienen varias opciones para gestionar sus finanzas. Puedes contar con un equipo dedicado de contadores o aprovechar la inteligencia artificial y otras soluciones tecnológicas para optimizar la gestión financiera. Independientemente del método, lo importante es tener todo documentado. Esta documentación transforma tus prácticas financieras de conceptos abstractos en políticas concretas, garantizando consistencia y fiabilidad en la forma en que se maneja el dinero.

Al poner tus protocolos financieros y sistemas contables por escrito, creas un marco tangible que rige tus operaciones financieras. Esto no es solo para uso interno, sino también para los interesados que necesitan comprender la salud financiera y las estrategias de tu empresa. Tener una documentación financiera clara y accesible asegura que todos los involucrados en tu negocio, desde empleados hasta inversionistas, estén en la misma sintonía.

Establecer sistemas financieros sólidos es esencial para gestionar tu negocio de manera efectiva. No se trata solo de rastrear el dinero, sino de entender y definir tu relación con el dinero y usarlo para crear un negocio próspero y con principios. Al adoptar una cultura del dinero clara, implementar sistemas financieros bien documentados y aprovechar la tecnología, puedes asegurarte de que tu negocio no solo sobreviva, sino que prospere, impulsando el crecimiento y generando un impacto positivo.

Papel

Como emprendedor, eres automáticamente registrado es un viaje lleno de emoción, desafíos y numerosas decisiones que moldean el futuro de tu negocio. Uno de los aspectos críticos que a menudo pasan por alto los nuevos emprendedores es la importancia de la protección legal y la gestión de riesgos. Aunque es tentador confiar en todos a primera vista, la experiencia nos enseña que un enfoque así puede ser arriesgado. Es una realidad triste que vivir con desconfianza es agotador, pero en los negocios, simplemente no hay tiempo para ensayos y errores. Confía en todos completamente hasta que empiecen a mostrarte quiénes son, pero asegúrate de tener documentado cada detalle crítico. Antes de sumergirte en la construcción de un equipo, es esencial establecer una base legal sólida para proteger tu negocio. Contratos, acuerdos y protocolos claros proporcionarán la seguridad y claridad necesarias, permitiéndote operar con confianza y concentrarte en hacer crecer tu empresa.

Como dueño de un negocio, tu primera prioridad debe ser proteger tu empresa legalmente. Establecer un marco legal sólido es crucial para mitigar riesgos y asegurar el éxito a largo plazo. Esto comienza con elegir la estructura legal adecuada para tu negocio, ya sea una propiedad unipersonal, una sociedad, una LLC o una corporación. Esta decisión afecta tu responsabilidad, impuestos y obligaciones regulatorias. Asegurar el cumplimiento de todas las regulaciones locales, estatales y federales es vital para evitar problemas legales en el futuro.

Redactar contratos claros y completos para tus relaciones comerciales es otro paso crítico. Los acuerdos con empleados, contratos con proveedores y acuerdos de asociación deben detallar los términos y condiciones de las responsabilidades de cada parte, reduciendo el riesgo de malentendidos y disputas. Además, proteger la propiedad intelectual (PI) de tu empresa mediante el registro de marcas, derechos de autor y patentes es esencial. Proteger tu PI asegura que tu marca, productos e innovaciones permanezcan exclusivamente tuyos.

Implementar estrategias de gestión de riesgos para identificar, evaluar y mitigar riesgos potenciales también es necesario. Esto incluye adquirir una cobertura de seguro adecuada para la propiedad, la responsabilidad civil y la protección de los empleados, así como desarrollar planes de contingencia para eventos imprevistos. Contar con un abogado competente que te guíe en asuntos legales y te proporcione asesoramiento continuo es invaluable. Tener un experto legal en tu equipo puede ayudarte a navegar por paisajes legales complejos y tomar decisiones informadas.

Con una base sólida de gestión legal y de riesgos en su lugar, puedes concentrarte con confianza en el siguiente aspecto crítico de tu negocio: formar un equipo. Uno de los mayores temores que enfrentan los dueños de negocios es reunir un equipo. La incertidumbre de contratar nuevos empleados e integrarlos en tu empresa puede ser abrumadora. Sin embargo, construir un equipo fuerte es esencial para el crecimiento y el éxito.

Entiende que la contratación es una parte integral del crecimiento empresarial. Aunque es difícil predecir cómo encajarán las nuevas contrataciones en tu empresa, aborda el proceso con una mente abierta y un plan estratégico. Ve más allá de los currículos; aunque brindan información valiosa, no cuentan toda la historia. Enfócate en encontrar candidatos cuyos valores se alineen con la cultura de tu empresa y que demuestren potencial de crecimiento y adaptabilidad.

Crea un entorno de trabajo donde los empleados se sientan valorados y respetados. Fomenta la colaboración, la comunicación abierta y el aprendizaje continuo. Una cultura positiva atrae y retiene a los mejores talentos. No permitas que el miedo te impida hacer los cambios necesarios. Si un miembro del equipo no está funcionando, aborda el problema de inmediato y haz los ajustes necesarios. Del mismo modo, mantente abierto a cambiar tu enfoque si beneficia al equipo.

Rodéate de personas a las que respetes y en las que confíes. La confianza se construye con el tiempo, pero comenzar con una base de respeto puede llevar a relaciones sólidas y productivas. Asegúrate de que todas las prácticas laborales cumplan con las leyes y regulaciones laborales. Esto incluye prácticas de contratación justas, derechos de los empleados y seguridad en el lugar de trabajo. Abordar los aspectos legales desde el principio previene problemas potenciales y fomenta un entorno de trabajo justo. Utiliza herramientas y estrategias para facilitar una comunicación clara y efectiva dentro de tu equipo. La transparencia y la honestidad son cruciales para construir confianza y asegurar que todos estén en la misma sintonía.

Al integrar estas estrategias, puedes construir un equipo que no solo sea competente, sino que también esté alineado con los valores fundamentales y la visión de tu negocio. Recuerda, un equipo exitoso es dinámico y adaptable, listo para enfrentar desafíos y aprovechar oportunidades. Combinar la protección legal con la formación de un equipo crea una base sólida para tu negocio. La gestión legal y de riesgos asegura que tu empresa esté protegida contra posibles amenazas, permitiéndote concentrarte en el crecimiento y la innovación. Mientras tanto, un equipo sólido impulsa tu negocio hacia adelante, ejecutando tu visión y contribuyendo a una cultura empresarial positiva.

Una vez que tienes una base sólida y un equipo fuerte en su lugar, el siguiente paso es monitorear y hacer los ajustes necesarios en tus estrategias y operaciones. Establecer mecanismos para rastrear el rendimiento y crear bucles de retroalimentación es esencial para la mejora continua. Las revisiones regulares, ya sean semanales, mensuales o trimestrales, ayudan a evaluar tanto los datos cualitativos como cuantitativos, proporcionando una visión integral del desempeño de tu negocio. Fomentar la comunicación abierta dentro de tu equipo para recopilar ideas y sugerencias promueve una cultura de aprendizaje y adaptación continua.

Los ajustes son necesarios porque ningún plan permanece perfecto para siempre. Las condiciones del mercado cambian, las preferencias de los clientes evolucionan y surgen nuevas oportunidades. La capacidad de pivotar y adaptarse asegura que tu negocio se mantenga relevante y competitivo. Así como un organismo vivo evoluciona, tu negocio también debe ser capaz de evolucionar basándose en la retroalimentación y los datos recopilados.

Un plan de crecimiento describe el camino de tu negocio hacia la expansión futura, incluyendo nuevos mercados, productos y servicios que necesitas explorar. Tener un plan de crecimiento no se trata solo de establecer metas; se trata de crear una hoja de ruta para alcanzarlas y estar preparado para evolucionar en el camino. El plan de crecimiento debe comenzar con una declaración de visión que sea ambiciosa y casi inalcanzable. Esto establece un nivel alto y motiva a tu equipo a esforzarse por la excelencia. Las declaraciones de misión son los pasos que te guían hacia esta visión. Estas deben ser específicas, medibles, alcanzables, relevantes y con un plazo definido (SMART). Cada declaración de misión debe abordar un aspecto particular del crecimiento de tu negocio, ya sea ingresar a un nuevo mercado, lanzar un nuevo producto o mejorar la eficiencia operativa. Una vez que se cumpla una misión, se debe crear una nueva para seguir impulsando el progreso. Si una misión resulta inalcanzable, debe ser revisada y ajustada para alinearse mejor con el panorama evolutivo de tu negocio.

Documentar tu plan de crecimiento por escrito es fundamental. Al igual que tener sistemas establecidos, un plan de crecimiento escrito asegura que todos los involucrados comprendan las metas y estrategias. Proporciona una guía clara para empleados, partes interesadas e incluso clientes, alineando sus esfuerzos hacia objetivos comunes. Independientemente de tu objetivo final—ya sea hacer crecer la empresa para pasarla a las siguientes generaciones o prepararla para una estrategia de salida, como una venta—el plan de crecimiento proporciona la estructura necesaria para alcanzar esos objetivos. La claridad que ofrece un plan documentado garantiza que tu equipo y los interesados puedan contribuir de manera efectiva a lograr tu visión.

Dualidad

La dualidad es un concepto fundamental que sustenta la misma estructura de la existencia. Se manifiesta en todos los aspectos de la vida, desde el mundo natural hasta la conciencia humana, y desempeña un papel crucial en el ámbito empresarial. Entender la dualidad significa apreciar la interacción de fuerzas opuestas que impulsan el crecimiento, la innovación y el equilibrio.

En su esencia, la dualidad reconoce que dos elementos contrastantes deben coexistir para crear algo nuevo. Este principio es evidente en la ciencia, donde la materia y la antimateria, las cargas positivas y negativas, y otras fuerzas opuestas interactúan para formar el universo. En biología, la vida misma surge de la combinación de elementos diversos, y en física, la danza de los opuestos crea el equilibrio dinámico que sostiene el cosmos.

Las religiones y filosofías de diversas culturas también reconocen la importancia de la dualidad. Desde el yin y yang en el taoísmo, que representan la armonía a través del equilibrio de los opuestos, hasta la noción intelectual de la luz y la oscuridad, la dualidad se considera esencial para la existencia y la comprensión de la vida. Incluso en el lenguaje, encontramos la dualidad en antónimos y sinónimos, lo que moldea la forma en que comunicamos y comprendemos el mundo que nos rodea.

Para el emprendedor, abrazar la dualidad significa reconocer y equilibrar estas fuerzas opuestas dentro de su negocio. Se trata de entender que la fortaleza y la vulnerabilidad, la tradición y la innovación, la consistencia y la adaptabilidad, no son mutuamente excluyentes, sino más bien complementarias. Este equilibrio es crucial para crear una organización resiliente y dinámica.

Considera el papel de la dualidad en la toma de decisiones. Cada elección implica sopesar pros y contras, riesgos y recompensas. Al reconocer la dualidad, puedes tomar decisiones más matizadas y efectivas, combinando la cautela con la audacia para navegar por las complejidades del panorama empresarial.

En el liderazgo, la dualidad se manifiesta como el equilibrio entre la autoridad y la empatía. Un líder exitoso debe ser decisivo y fuerte, pero también compasivo y comprensivo. Este enfoque dual fomenta un ambiente de trabajo saludable y mejora el rendimiento del equipo.

En la innovación, la dualidad consiste en honrar el pasado mientras se abraza el futuro. Se trata de mantener los valores fundamentales que definen tu marca, al mismo tiempo que se está abierto a nuevas ideas y tecnologías que impulsen tu negocio hacia adelante. Este equilibrio asegura que tu empresa se mantenga relevante y competitiva en un mercado que cambia rápidamente.

Al reflexionar sobre estas ideas, pregúntate: ¿Cómo interactúan las dualidades en mi negocio? ¿Hay áreas donde estoy favoreciendo un lado sobre el otro? ¿Cómo puedo crear un equilibrio más armonioso que impulse el crecimiento y la innovación?

Las respuestas pueden no ser sencillas, y ahí radica la belleza de la dualidad: nos invita a explorar, cuestionar y adaptarnos. Al abrazar este principio, abres tu negocio a nuevas posibilidades y creas una base para un éxito sostenido.

Habilidades

A hora que hemos introducido el concepto de dualidad, profundicemos en un nuevo marco para comprender las habilidades, al que llamo la "Anatomía de una Habilidad." Esta metodología descompone cualquier habilidad en tres componentes fundamentales: rasgos innatos, elementos adquiridos e influencias del entorno. Juntos, estos aspectos ofrecen una comprensión más profunda y completa de cómo se desarrollan y se dominan las habilidades.

Considera el acto de respirar como un ejemplo ilustrativo. Respirar es una habilidad fundamental, esencial para la vida y presente de manera universal entre todos los seres vivos. En su esencia, respirar ejemplifica los rasgos innatos con los que nacemos. Desde el momento en que entramos al mundo, la capacidad de respirar está incorporada en nuestra biología. Este don fundamental no es algo que aprendemos; es una parte intrínseca de nuestra existencia, un rasgo esencial que sostiene la vida.

Más allá de los rasgos innatos, encontramos influencias ambientales que moldean cómo respiramos. Estas influencias abarcan todo lo que nos rodea y que impacta nuestra comprensión y práctica de la respiración. Por ejemplo, observar cómo respiran los animales, presenciar el ritmo ascendente y descendente del pecho de una mascota, o experimentar diferentes patrones de respiración en diversos contextos culturales o familiares, todo esto contribuye a nuestra comprensión ambiental de la respiración. Estos rasgos moldeados forman un depósito de experiencias y observaciones que influyen sutilmente en nuestros propios hábitos.

El tercer componente, los elementos adquiridos, representa los aspectos de la habilidad que desarrollamos intencionalmente a través de la práctica y el aprendizaje. Aquí es donde entran en juego el esfuerzo consciente y la intención. Aunque todos nacemos con la capacidad de respirar, dominar la habilidad de la respiración requiere práctica deliberada y conocimiento. Considera técnicas como los ejercicios de respiración profunda utilizados para calmar la mente o los patrones de respiración específicos empleados en el yoga y la meditación. Estas técnicas no son innatas; se aprenden y se perfeccionan a través de la experiencia y la práctica. Los elementos adquiridos son donde la mente se involucra activamente, conecta puntos y refina una habilidad mediante la acción intencional.

Para dominar verdaderamente una habilidad, no basta con depender únicamente de los rasgos innatos o las influencias ambientales. La maestría requiere la integración y comprensión de los tres componentes. Los rasgos innatos proporcionan la base, las influencias ambientales ofrecen contexto y variabilidad, y los elementos adquiridos representan la culminación de la práctica y el aprendizaje enfocados. Esta tríada asegura una comprensión completa y profunda de cualquier habilidad.

Aplicar esta metodología a la respiración revela la profundidad y complejidad de lo que, en principio, podría parecer un acto simple. Respirar es algo que todos hacemos instintivamente, pero la forma en que respiramos puede tener un impacto significativo en nuestra salud, bienestar y estado mental. Hay personas que han dedicado sus vidas a dominar el arte de la respiración, como los monjes y expertos en respiración, quienes creen que las técnicas de respiración adecuadas pueden sanar y transformar el cuerpo y la mente. Estos maestros de la respiración ejemplifican el pináculo de la integración de rasgos innatos, influencias ambientales y elementos adquiridos para lograr un control y comprensión extraordinarios de esta habilidad.

Este marco puede aplicarse a cualquier habilidad, ofreciendo una forma estructurada de analizar y desarrollar la experiencia. Ya sea aprender un instrumento musical, dominar un deporte o destacar en un ámbito profesional, comprender la anatomía de una habilidad permite un enfoque holístico para su desarrollo. Nos invita a reconocer los rasgos innatos que poseemos, apreciar los factores ambientales que nos han moldeado y comprometernos con el proceso continuo de aprendizaje y práctica.

Para dominar verdaderamente una habilidad, es fundamental identificar y comprender el nivel en el que cada uno de estos aspectos—rasgos innatos, elementos adquiridos e influencias ambientales—impacta en tu capacidad. Reconocer dónde te encuentras en cada componente permite un enfoque integral en el desarrollo de habilidades. Por ejemplo, si sabes que tienes una capacidad innata para captar conceptos complejos rápidamente, puedes centrarte más en mejorar tus técnicas de estudio y en crear un entorno propicio que maximice tu potencial.

Identificar el grado en que cada aspecto influye en el desarrollo de tus habilidades es crucial. Al hacerlo, puedes detectar áreas que necesitan más atención y esfuerzo. Si los elementos adquiridos, como técnicas de estudio específicas, son deficientes, puedes invertir tiempo en aprender y practicar nuevos métodos. Del mismo modo, si tu entorno no es favorable, puedes hacer cambios para crear un espacio de estudio más propicio.

Comprender la anatomía de una habilidad y evaluar la influencia de cada componente te permite adoptar un enfoque dirigido hacia la maestría. No se trata solo de practicar una habilidad repetidamente; es entender los factores subyacentes que contribuyen a tu competencia. Esta visión holística asegura que abordes todos los aspectos del desarrollo de habilidades, lo que lleva a una maestría más efectiva y sostenida.

La anatomía de una habilidad proporciona una metodología integral para comprender y dominar cualquier capacidad. Al examinar la interacción entre los rasgos innatos, las influencias ambientales y los elementos adquiridos a lo largo del tiempo, ganamos una apreciación más profunda de las complejidades involucradas en el desarrollo de habilidades. Este enfoque no solo mejora nuestra comprensión, sino que también nos empodera para alcanzar la maestría mediante una práctica intencional e informada. A medida que explores y apliques este marco, descubrirás nuevas profundidades en tus habilidades y desbloquearás el potencial para un crecimiento y excelencia continuos.

Creativo

C uando las personas piensan en la creatividad, a menudo imaginan a artistas, músicos y escritores— aquellos que sacan ideas de la nada y las transforman en algo tangible e inspirador. Por otro lado, los negocios suelen asociarse con números, estrategias y cálculos precisos. La idea errónea común es que la creatividad y los negocios son ámbitos mutuamente excluyentes, con poco o ningún punto de encuentro entre ambos. Sin embargo, esto no podría estar más alejado de la realidad. La creatividad no solo es compatible con los negocios, sino que también es un componente esencial para el éxito empresarial.

Para los emprendedores o aquellos que están contemplando iniciar un negocio, comprender el papel de la creatividad es vital. La creatividad impulsa la innovación y genera soluciones novedosas, impulsando procesos transformadores dentro de una empresa. Es la chispa que enciende nuevas ideas, productos y servicios. Pero la creatividad por sí sola no es suficiente. Para tener verdadero éxito, estos impulsos creativos deben estar respaldados por habilidades analíticas, proporcionando un marco estructural que traduzca los conceptos imaginativos en resultados accionables y medibles.

Las habilidades creativas se caracterizan por su capacidad para pensar fuera de lo convencional, desafiar el status quo y visualizar posibilidades más allá de lo habitual. Este pensamiento imaginativo es crucial para desarrollar productos, servicios y estrategias únicos que diferencian a un negocio de sus competidores. La creatividad fomenta una cultura de innovación, donde se alientan, exploran e implementan nuevas ideas. Impulsa los procesos dinámicos que conducen a avances y descubrimientos, permitiendo que las empresas se adapten y prosperen en un mercado en constante cambio.

Por otro lado, las habilidades analíticas son la base que apoya y estructura estos impulsos creativos. La precisión, el análisis de datos y la planificación estratégica son esenciales para transformar ideas creativas en soluciones empresariales viables. Las habilidades analíticas proporcionan las herramientas para evaluar la viabilidad de los conceptos creativos, medir su impacto potencial y desarrollar planes accionables para su implementación. Garantizan que las ideas innovadoras no solo sean imaginativas, sino también prácticas y efectivas.

La fusión de la creatividad y la precisión es una fuerza dual que transforma la visión en realidad. Cuando los emprendedores aprovechan tanto las habilidades creativas como las analíticas, crean una sinergia poderosa que impulsa el crecimiento y el avance sostenidos. Esta combinación permite el desarrollo de soluciones innovadoras que son tanto revolucionarias como ejecutables.

Considera el desarrollo de un nuevo producto. La creatividad enciende la idea inicial, imaginando una solución única a un problema o una característica novedosa que diferencia al producto. Luego entran en juego las habilidades analíticas, evaluando la demanda del mercado, realizando estudios de viabilidad y desarrollando un plan de negocios para llevar el producto al mercado. Este enfoque dual asegura que el producto no solo sea innovador, sino también apto para el mercado y con posibilidades de éxito.

Incorporar la creatividad en las prácticas empresariales también fomenta una cultura laboral más atractiva y dinámica. Se anima a los empleados a pensar creativamente, a aportar nuevas ideas y a participar en el proceso de innovación. Este enfoque inclusivo no solo mejora la satisfacción laboral y la moral, sino que también impulsa el progreso colectivo y el éxito.

Por otro lado, las personas que son naturalmente creativas también deben desarrollar sus habilidades analíticas para tener éxito en los negocios. Comprender la dinámica del mercado, la planificación financiera y la toma de decisiones estratégicas es crucial para convertir ideas creativas en proyectos rentables. Al equilibrar la creatividad con la precisión, los individuos creativos pueden navegar por las complejidades del mundo empresarial y alcanzar sus objetivos emprendedores.

La creatividad y los negocios no son fuerzas opuestas, sino componentes complementarios que, cuando se combinan, crean una sinergia poderosa. La creatividad impulsa la innovación, mientras que las habilidades analíticas proporcionan la estructura y la precisión necesarias para convertir ideas imaginativas en resultados accionables y medibles. Para los emprendedores y aspirantes a propietarios de negocios, abrazar tanto la creatividad como la precisión es esencial para transformar la visión en realidad, fomentar un crecimiento sostenido y lograr un éxito duradero. Al aprovechar las fuerzas duales de la creatividad y la precisión, puedes desbloquear el potencial completo de tu negocio y allanar el camino para avances transformadores.

La creatividad sirve como el motor de la innovación. Sin embargo, la creatividad por sí sola no es suficiente. Para realmente diferenciarte en un mercado competitivo, la individualidad es crucial. La individualidad no se trata solo de pensar de manera diferente; se trata de actuar de manera diferente. Es lo que distingue a tu negocio de la competencia y le infunde una identidad única. Esta distintividad no solo atrae a los clientes, sino que también inculca orgullo en los empleados, creando una fuerza laboral leal y motivada.

Individualidad

La individualidad en los negocios es similar a forjar tu propio camino en un paisaje complejo y en constante cambio. Mientras que muchas empresas se adhieren a normas establecidas y mejores prácticas, la verdadera distinción surge al atreverse a ser diferente, explorando nuevas ideas y adoptando enfoques únicos. Esta disposición a destacarse entre la multitud puede ser tanto una fortaleza como un desafío, pero es esencial para el éxito y crecimiento duraderos.

La individualidad es la hace a tu negocio diferente. Se refleja en tu marca, tus productos y la cultura de tu empresa. Cuando un negocio encarna la individualidad, envía un mensaje claro tanto a los clientes como a los empleados: esta es una empresa que valora la singularidad, adopta el cambio y no teme asumir riesgos. Esta identidad distintiva fomenta un sentido de orgullo y lealtad entre quienes están asociados con la empresa. Los empleados sienten una conexión más profunda con su trabajo, sabiendo que forman parte de algo único y significativo. Los clientes aprecian la originalidad y autenticidad, lo que fortalece su lealtad y confianza.

Sin embargo, la individualidad conlleva su propio conjunto de desafíos y riesgos. Ser diferente significa alejarse de la seguridad del grupo, aventurarse en territorios desconocidos y enfrentar incertidumbres. Pero es precisamente aquí donde reside la verdadera innovación. La disposición a asumir riesgos y explorar nuevas posibilidades es lo que impulsa el progreso y diferencia a las empresas exitosas del resto.

Para el emprendedor, la individualidad es algo más que destacar. Se trata de mantenerse fiel a los propios valores y visión, incluso cuando eso significa ir contra la corriente. Requiere coraje, resiliencia y la disposición a aceptar el fracaso como parte del proceso de aprendizaje. Al fomentar una cultura que valora la individualidad, las empresas pueden crear un entorno donde la innovación prospere y los empleados se sientan capacitados para aportar sus perspectivas e ideas únicas.

Imagina un panorama empresarial donde cada empresa siguiera el mismo modelo. La innovación se estancaría y el mercado estaría saturado de productos y servicios indistinguibles. La individualidad rompe con esta monotonía, introduciendo ideas frescas y nuevas formas de pensar. Desafía el status quo e inspira a otros a liberarse de las limitaciones convencionales..

La individualidad en los negocios también se extiende a las características personales del emprendedor. Abarca las cualidades, pasiones y perspectivas únicas que aportas a tu emprendimiento. Tu enfoque individual para resolver problemas, liderar y establecer la visión son elementos integrales para el éxito de tu negocio. Abrazar estos atributos personales y permitir que den forma a tu empresa puede llevar a una marca más auténtica y atractiva.

Un buen ejemplo seria, una startup tecnológica fundada por alguien apasionado por la sostenibilidad ambiental. La perspectiva única de este emprendedor podría llevar a la empresa a desarrollar tecnologías ecológicas o adoptar prácticas comerciales sostenibles. Esta individualidad no solo distingue al negocio, sino que también atrae a clientes y empleados con ideas afines que comparten los mismos valores.

Si bien la individualidad es crucial, también es importante reconocer que trabajar con modelos probados no es inherentemente malo. Muchas empresas exitosas han prosperado siguiendo prácticas y metodologías establecidas que han resistido la prueba del tiempo. Estos modelos proporcionan una base sólida y pueden ofrecer valiosas ideas y estrategias. Sin embargo, siempre hay espacio para la mejora y la innovación dentro de estos marcos. La clave está en combinar lo que se sabe que funciona con ideas frescas e innovadoras que empujen los límites y creen nuevas oportunidades.

La individualidad es una fuerza poderosa que puede impulsar un negocio a nuevas alturas. Es el acto de pensar y actuar de manera diferente, de atreverse a explorar nuevas posibilidades en un mundo lleno de cambios. Al defender la individualidad, puedes crear un negocio que no solo destaque en un mercado saturado, sino que también inspire orgullo y lealtad tanto en empleados como en clientes. Abraza tus cualidades únicas, toma los riesgos necesarios y deja que tu individualidad brille. Este enfoque no solo diferenciará tu negocio, sino que también allanará el camino hacia un éxito y crecimiento duraderos.

Al mismo tiempo, no temas incorporar modelos y estrategias probados. Estos proporcionan una base sólida sobre la cual puedes construir e innovar, asegurando que tu negocio se mantenga tanto arraigado como orientado hacia el futuro. Al combinar lo mejor de ambos mundos—prácticas establecidas y tu propio sentido de individualidad—puedes lograr un equilibrio que conduzca al éxito.

Liderazgo

El éxito a menudo se mide por resultados visibles: cifras de crecimiento, indicadores de innovación y productividad del equipo. Sin embargo, bajo esta superficie de logros se encuentra el verdadero motor de la efectividad del liderazgo: una comprensión profunda de la motivación. El liderazgo tiene menos que ver con la autoridad que se ejerce y más con los conocimientos que se tienen sobre el espíritu humano. Esta exploración busca desentrañar las dinámicas sutiles pero poderosas de la motivación que pueden transformar el potencial en rendimiento. Está diseñada para aquellos que aspiran no solo a gestionar, sino a liderar verdaderamente.

Como emprendedor, comprender y aprovechar estos motivadores es esencial para traducir el liderazgo en estrategias comerciales efectivas. Los líderes más impactantes utilizan tanto motivadores intrínsecos como extrínsecos para impulsar a sus equipos, influyendo en todos los aspectos de su liderazgo, desde la formulación de estrategias hasta las interacciones diarias. Aprenderas a discernir las motivaciones subyacentes de los miembros de tu equipo y a alinearlas con los objetivos de tu organización. Exploraremos estrategias prácticas para fomentar un entorno donde la motivación prospere y donde cada miembro del equipo se sienta genuinamente comprometido y valorado.

El logro es un poderoso motivador. El impulso por alcanzar metas puede llevar a las personas a grandes alturas, pero también puede conducir al agotamiento si no se gestiona adecuadamente. Como líder, fomentar una cultura donde se celebren los logros puede inspirar a tu equipo a alcanzar su máximo potencial. Sin embargo, es crucial manejar esto de manera ética; la búsqueda del logro a veces puede rozar la manipulación. Alentar a tu equipo a establecer y alcanzar metas personales y profesionales puede llevar a una fuerza laboral más motivada y productiva, pero siempre asegúrate de que esta búsqueda sea saludable y sostenible.

La afiliación, la necesidad humana de pertenecer a un grupo, es un motivador fundamental porque los seres humanos son inherentemente sociales. Crear un sentido de pertenencia dentro de tu equipo puede aumentar significativamente la moral y la productividad. Esto implica fomentar un entorno colaborativo donde los miembros del equipo se sientan valorados y conectados. Un equipo unido puede superar obstáculos de manera más efectiva que individuos trabajando en aislamiento. Sin embargo, ten cuidado de no fomentar un ambiente donde la conformidad ahogue la individualidad. Anima la colaboración, pero también celebra las contribuciones individuales.

El poder y la influencia son motivadores clásicos, a menudo asociados con el liderazgo. Comprender las dinámicas de poder dentro de tu equipo y organización es vital para un liderazgo efectivo. El poder puede inspirar y guiar, pero debe ejercerse con intención e integridad. La influencia, al igual que el poder, debe utilizarse estratégicamente para guiar a tu equipo hacia objetivos comunes. La intención detrás del poder y la influencia determina su impacto: si elevan y empoderan o si controlan y dominan. Debes ser consciente de la delgada línea que existe entre el liderazgo y la tiranía.

La seguridad es una necesidad humana fundamental. Todos desean sentirse seguros, tanto en su vida personal como en el lugar de trabajo. Como líder, es esencial crear un entorno seguro donde tu equipo se sienta con la libertad de expresar ideas, tomar riesgos y crecer. Esto implica no solo la seguridad física, sino también la seguridad laboral y un ambiente de trabajo estable y de apoyo. Sin embargo, ten cuidado de no crear una zona de confort que sofoque la innovación. Es importante equilibrar la seguridad con oportunidades de crecimiento y desafíos.

La curiosidad y el deseo de aprender son poderosos motivadores. Fomentar una cultura de aprendizaje continuo y curiosidad puede conducir a la innovación y el crecimiento. Como líder, crear un entorno donde se aliente el cuestionamiento y la exploración puede ayudar a tu equipo a mantenerse a la vanguardia. Todos deben ser curiosos en todo momento; el momento en que dejamos de hacer preguntas es el momento en que dejamos de crecer. Sin embargo, la curiosidad desenfrenada puede llevar a la distracción y la ineficiencia. Guía la curiosidad con metas y objetivos claros.

La autonomía es uno de los mejores motivadores. Dar a tu equipo la libertad para tomar decisiones y hacerse cargo de su trabajo puede llevar a un mayor compromiso y productividad. La autonomía fomenta un sentido de pertenencia y responsabilidad, impulsando a las personas a rendir al máximo. Sin embargo, demasiada autonomía sin responsabilidad puede llevar al caos. Asegúrate de que la autonomía esté equilibrada con expectativas claras y apoyo.

El reconocimiento y la recompensa son fuertes motivadores que deben ser comprendidos y utilizados con cuidado. Las personas desean ser reconocidas por sus esfuerzos y recompensadas por sus logros. Este reconocimiento puede tomar muchas formas, desde elogios verbales hasta recompensas tangibles. Comprender lo que motiva a los miembros de tu equipo a nivel individual te permite adaptar tus sistemas de reconocimiento y recompensa para que sean más efectivos. Sin embargo, ten en cuenta que una excesiva dependencia de las recompensas puede llevar a una mentalidad transaccional, donde los miembros del equipo se motiven solo por la próxima recompensa. Asegúrate de que el reconocimiento sea genuino y esté alineado con los valores de tu equipo y organización.

La autorrealización, es decir, la realización del pleno potencial de uno mismo, es un motivador profundo. Como líder, crear un entorno donde los miembros del equipo puedan perseguir la autorrealización beneficia tanto a ellos individualmente como a la organización en su conjunto. Fomentar el crecimiento personal, ofrecer oportunidades de desarrollo profesional y cultivar una cultura de mejora continua son formas de apoyar la autorrealización dentro de tu equipo. Sin embargo, la búsqueda de la autorrealización a veces puede generar conflictos con los objetivos organizacionales. Es importante equilibrar las aspiraciones individuales con los objetivos colectivos.

La competencia puede impulsar a las personas a superarse y a ir más allá de sus límites. Sin embargo, el enfoque debe estar en una competencia saludable, donde los individuos se esfuercen por superar sus versiones anteriores en lugar de socavar a sus compañeros. Como líder, fomentar una cultura de crecimiento personal y mejora en lugar de una competencia despiadada puede llevar a un entorno de trabajo más solidario y productivo. Ten cuidado de no fomentar un ambiente competitivo tóxico que genere resentimiento y agotamiento.

El miedo al fracaso es un motivador común, pero debe abordarse con precaución. Si bien el miedo al fracaso puede impulsar a las personas a lograr sus objetivos, también puede generar estrés y ansiedad. Como líder, es fundamental crear una cultura en la que el fracaso se vea como una oportunidad de aprendizaje en lugar de una catástrofe. Fomentar una mentalidad de crecimiento, donde los contratiempos se consideren parte del proceso de aprendizaje, puede ayudar a tu equipo a superar el miedo al fracaso y a enfrentar los desafíos con confianza. Sin embargo, ten cuidado de no crear inadvertidamente un entorno donde el fracaso no sea tolerado, ya que esto podría sofocar la innovación y la toma de riesgos.

El espíritu de aventura y exploración nunca debe morir. Alentar a tu equipo a ser aventurero, explorar nuevas ideas y oportunidades, y tomar riesgos calculados puede conducir a la innovación y el crecimiento. La vida está llena de posibilidades, y fomentar una cultura donde se valoren la curiosidad y la exploración puede mantener a tu equipo comprometido y motivado. Sin embargo, asegúrate de que este espíritu aventurero esté equilibrado con la planificación estratégica y la gestión de riesgos para evitar decisiones imprudentes.

El estatus sigue siendo un motivador importante, incluso en la era de las redes sociales. Aunque el estatus puede no ser tan abiertamente significativo como lo fue en el pasado, todavía juega un papel en cómo las personas se perciben a sí mismas y su lugar en el mundo. Comprender el papel del estatus en la motivación puede ayudarte a navegar las dinámicas sociales dentro de tu equipo y a aprovecharlo para impulsar el rendimiento y el compromiso. Sin embargo, ten cuidado de no crear una cultura impulsada por el estatus que socave la colaboración y la igualdad.

El altruismo y el deseo de ayudar a los demás son poderosos motivadores. Fomentar una cultura de altruismo dentro de tu equipo puede conducir a un entorno de trabajo más colaborativo y solidario. Cuando los miembros del equipo están motivados por el deseo de ayudar a los demás y contribuir al bien común, se fomenta un sentido de comunidad y propósito compartido. Sin embargo, ten en cuenta el potencial de agotamiento entre aquellos que priorizan las necesidades de los demás sobre las propias. Es importante equilibrar el altruismo con el autocuidado y el bienestar personal.

Comprender estos motivadores y cómo influyen en el comportamiento es clave para un liderazgo efectivo. Al fomentar un entorno donde estos motivadores sean reconocidos y aprovechados, puedes crear un equipo próspero, comprometido y productivo. El liderazgo va más allá de simplemente dirigir a los demás; se trata de inspirarlos a alcanzar su máximo potencial y de alinear sus metas personales con los objetivos de la organización.

Ya sea a través de la búsqueda de logros, la necesidad de afiliación, el impulso por el poder y la influencia, o el deseo de seguridad y autonomía, cada motivador juega un papel crítico en la formación del comportamiento y el rendimiento. Al reconocer y abordar estos motivadores, los líderes pueden crear un entorno donde su equipo prospere. La fusión de motivadores intrínsecos y extrínsecos forma la base del liderazgo efectivo, transformando la visión en realidad y fomentando un crecimiento y éxito duraderos. Abraza estas ideas y permite que te guíen para convertirte en un líder que no solo gestiona, sino que verdaderamente inspira e impulsa.

Grupos

La verdadera medida del éxito de una empresa va más allá de los indicadores financieros y las cifras de productividad. Incluye el bienestar de sus empleados, la fortaleza de sus vínculos comunitarios y la salud general del entorno organizacional. Las siguientes estrategias transformadoras pueden ayudar a las empresas a fomentar un lugar de trabajo dinámico, caracterizado por la empatía, el respeto y el crecimiento mutuo. Al apreciar la importancia de estas estrategias, los dueños de negocios pueden cultivar una cultura de cuidado que no solo impulsa el rendimiento, sino que también mejora la satisfacción de los empleados y su bienestar personal.

Adaptar estas estrategias en entornos contemporáneos es crucial para mejorar el rendimiento y la satisfacción de los empleados. En un entorno empresarial que valora tanto la innovación como la compasión, las siguientes iniciativas pueden servir como un modelo para fomentar una cultura de cuidado y aprecio.

La inteligencia emocional es la piedra angular de un liderazgo efectivo y un lugar de trabajo armonioso. Para amplificar la inteligencia emocional en todos los niveles de la organización, las empresas deben realizar talleres inmersivos y sesiones de capacitación regulares enfocados en cultivar la empatía, la escucha activa y las habilidades de comunicación expresiva. Estas técnicas mejoran las interacciones interpersonales y la sintonía emocional dentro de los equipos, lo que lleva a una mejor colaboración y resolución de conflictos. Este enfoque ayuda a mantener una cultura organizacional positiva a largo plazo, asegurando que los empleados se sientan comprendidos y valorados. Sin embargo, ten en cuenta que una alta inteligencia emocional también puede usarse de manera manipulativa si no está basada en un cuidado genuino e integridad.

Fortalecer los lazos con la comunidad y construir una imagen organizacional positiva son esenciales para el éxito a largo plazo. Implementar iniciativas sostenibles que involucren a los empleados en esfuerzos de voluntariado, conservación del medio ambiente y actividades de enriquecimiento comunitario puede elevar significativamente la reputación de una empresa y el compromiso de los empleados. La interacción significativa con la comunidad fomenta un sentido de propósito y pertenencia entre los empleados, reforzando su conexión con la empresa. Al mostrar un cuidado genuino por la comunidad, las empresas pueden construir relaciones más fuertes y resilientes tanto interna como externamente. Sin embargo, asegúrate de que estos esfuerzos sean auténticos y no solo actos performativos para mejorar la imagen pública.

Solidificar la cohesión del equipo y fomentar el respeto mutuo entre los empleados es vital para un entorno de trabajo de apoyo. Organizar retiros de integración y desafíos de resolución de problemas fomenta la cooperación y la innovación. Estas actividades desarrollan dinámicas de equipo más fuertes, aumentan el respeto mutuo y crean una cultura de trabajo inclusiva y de apoyo. A largo plazo, estas iniciativas contribuyen a un equipo estable y cohesivo que puede enfrentar desafíos y aprovechar oportunidades de manera unida. Sin embargo, ten cuidado de que los esfuerzos de integración no se conviertan en simples formalidades, sino en esfuerzos genuinos para construir conexiones duraderas.

La transparencia y la apertura en los canales de

comunicación organizacionales son fundamentales para construir confianza. Mantener líneas de comunicación abiertas y consistentes sobre políticas de la empresa, actualizaciones y cambios promueve una política de puertas abiertas con el liderazgo. Este marco fomenta una cultura de apertura, retroalimentación proactiva y comprensión mutua, esenciales para mantener un entorno organizacional saludable. La comunicación transparente asegura que los empleados siempre estén informados e involucrados, lo que fomenta un sentido de pertenencia y lealtad. Sin embargo, la transparencia debe equilibrarse con la discreción para proteger la información sensible.

Crear un entorno donde la apreciación sea la norma y los empleados se sientan valorados es fundamental para una cultura organizacional positiva. Implementar un sistema sólido de reconocimiento que celebre tanto las pequeñas victorias como los grandes logros en diversos entornos motiva a los empleados y refuerza una cultura organizacional positiva. El reconocimiento y la recompensa son fuertes motivadores que deben ser comprendidos y utilizados con cuidado. Las personas desean ser reconocidas por sus esfuerzos y recompensadas por sus logros. Comprender lo que motiva a los miembros de tu equipo a nivel individual te permite adaptar tus sistemas de reconocimiento y recompensa para que sean más efectivos. No obstante, ten cuidado de no fomentar un entorno donde el reconocimiento se sienta superficial o insincero.

Abordar y resolver los conflictos interpersonales de manera rápida y efectiva es crucial para preservar un ambiente de trabajo armonioso. Ofrecer capacitación integral en resolución de conflictos y establecer un proceso formal para manejar disputas asegura que los conflictos se resuelvan de manera constructiva, promoviendo la cooperación a largo plazo y un entorno de trabajo positivo. Al enfrentar los problemas de manera directa y con empatía, las empresas pueden mantener un ambiente pacífico y productivo donde los empleados se sientan escuchados y respetados. Sin embargo, evita crear un entorno excesivamente confrontacional donde los conflictos se magnifiquen fuera de proporción.

Apoyar el equilibrio entre el trabajo y la vida personal a través de arreglos laborales flexibles es esencial para atraer y retener al mejor talento. Permitir flexibilidad en los horarios de trabajo, opciones de trabajo remoto y provisiones para días de salud mental acomoda diversas necesidades personales y estilos de vida, lo que contribuye a una fuerza laboral más satisfecha y productiva. Un entorno de trabajo flexible muestra a los empleados que la empresa valora su bienestar, lo que puede llevar a una mayor lealtad y menor rotación de personal. Asegúrate de que la flexibilidad no comprometa la responsabilidad y la productividad.

Fomentar el crecimiento profesional y el intercambio de conocimientos dentro de la organización mejora el desarrollo profesional y crea un entorno de aprendizaje de apoyo. Emparejar a profesionales experimentados con talentos emergentes en relaciones de mentoría facilita la transferencia directa de conocimientos y el desarrollo de carreras, promoviendo una cultura de mejora continua y crecimiento. Al invertir en el crecimiento de sus empleados, una empresa puede asegurarse de que se mantenga innovadora y competitiva a largo plazo. Sin embargo, ten cuidado de no crear un entorno donde las oportunidades de crecimiento se perciban como distribuidas de manera injusta.

Promover un lugar de trabajo donde se celebre la diversidad y se integre la inclusión es esencial para fomentar la innovación y mantener una organización competitiva a nivel global. Desarrollar capacitaciones y políticas integrales que mejoren la comprensión y el respeto por diversos antecedentes y perspectivas crea un entorno donde todos los empleados se sienten valorados e incluidos. Un lugar de trabajo diverso e inclusivo aprovecha una amplia gama de talentos e ideas, impulsando la creatividad y el rendimiento. Sin embargo, asegúrate de que los esfuerzos por la diversidad sean sustantivos y no solo gestos simbólicos.

Implementar y rastrear métricas de diversidad e inclusión es esencial para medir la efectividad de las iniciativas destinadas a fomentar un lugar de trabajo inclusivo. Estas métricas pueden incluir la representación de diferentes grupos demográficos, encuestas de satisfacción de los empleados y tasas de participación en capacitaciones sobre diversidad. Al evaluar y ajustar regularmente sus estrategias basadas en estas métricas, las empresas pueden asegurarse de que están logrando un progreso significativo hacia la inclusión. Un lugar de trabajo diverso e inclusivo aprovecha una amplia gama de talentos y perspectivas, impulsando la creatividad, la innovación y el rendimiento organizacional en general.

La implementación de programas integrales de bienestar para los empleados es esencial para promover el bienestar general de la fuerza laboral. Estos programas pueden incluir iniciativas de salud y bienestar, apoyo en salud mental, actividades físicas y talleres de manejo del estrés. Al priorizar la salud de los empleados, las empresas pueden reducir el ausentismo, aumentar la productividad y crear una fuerza laboral más feliz y comprometida. Un programa de bienestar robusto demuestra el compromiso de la empresa con la salud holística de sus empleados, fomentando un ambiente de trabajo positivo y de apoyo.

Los planes de desarrollo profesional estructurados brindan a los empleados caminos claros para el crecimiento y el avance dentro de la organización. Estos planes deben delinear las posibles trayectorias profesionales, las habilidades y cualificaciones necesarias, y las oportunidades de desarrollo profesional. Al invertir en el crecimiento a largo plazo de los empleados, las empresas pueden mejorar la satisfacción laboral, reducir la rotación y cultivar una fuerza laboral altamente calificada y motivada. Los planes de desarrollo profesional también ayudan a alinear las aspiraciones individuales con los objetivos organizacionales, creando una situación beneficiosa tanto para los empleados como para la empresa.

Establecer mecanismos regulares de retroalimentación es crucial para la mejora continua y el compromiso de los empleados. Implementar bucles de retroalimentación formales e informales permite a los empleados expresar sus opiniones, compartir ideas y recibir comentarios constructivos. Este intercambio abierto fomenta una cultura de transparencia, confianza y respeto mutuo. La retroalimentación regular ayuda a identificar áreas de mejora, reconocer logros y asegurar que los empleados se sientan valorados y escuchados. Al mantener bucles de retroalimentación efectivos, las empresas pueden adaptarse a las necesidades cambiantes y mejorar el rendimiento organizacional general.

Proveer a los empleados con la tecnología y herramientas necesarias es fundamental para optimizar la productividad y el confort. Invertir en software, hardware y equipo ergonómico actualizados asegura que los empleados cuenten con los recursos que necesitan para realizar sus tareas de manera eficiente y cómoda. Un lugar de trabajo bien equipado no solo mejora el rendimiento laboral, sino que también demuestra a los empleados que la empresa valora su trabajo y bienestar. Mantenerse al día con los avances tecnológicos también puede impulsar la innovación y mantener a la organización competitiva en un mercado en rápida evolución.

Participar en actividades de Responsabilidad Social Corporativa (RSC) construye una imagen positiva y fortalece los lazos comunitarios. Al participar en iniciativas como la conservación ambiental, contribuciones caritativas y servicio comunitario, las empresas demuestran su compromiso con causas sociales y ambientales. Las actividades de RSC fomentan un sentido de propósito y orgullo entre los empleados, mejoran la reputación de la empresa y contribuyen a una cultura organizacional positiva. Las empresas que priorizan la RSC pueden atraer a clientes y empleados con ideas afines, creando una fuerza laboral más comprometida y motivada.

Crear laboratorios de innovación o think tanks dentro de la organización proporciona un espacio dedicado para la generación de ideas y el desarrollo de nuevos proyectos. Estos entornos creativos alientan a los empleados a explorar proyectos innovadores más allá de sus tareas habituales, fomentando una cultura de experimentación y crecimiento. Al apoyar estas iniciativas, las empresas pueden impulsar la mejora continua, mantenerse a la vanguardia de las tendencias de la industria y mejorar su ventaja competitiva. Los laboratorios de innovación empoderan a los empleados para que tomen riesgos y contribuyan al éxito a largo plazo de la empresa a través de ideas y soluciones innovadoras.

Estas estrategias transforman y reflejan cómo las empresas deben cuidar de su gente y de sí mismas. Al amplificar la inteligencia emocional, fortalecer los lazos comunitarios, solidificar la cohesión del equipo, mantener una comunicación transparente, reconocer los logros, resolver conflictos, apoyar el equilibrio entre la vida laboral y personal, fomentar el crecimiento profesional y promover la inclusión, las empresas pueden crear un lugar de trabajo din4ámico y de apoyo. Este compromiso con el cuidado no solo mejora el rendimiento y la satisfacción de los empleados, sino que también construye una base para el éxito y crecimiento sostenidos. Adopta estas estrategias y deja que guíen tu camino hacia la creación de una cultura empresarial verdaderamente cuidadosa y próspera.

Al implementar estas técnicas con amor y cuidado genuino, los dueños de negocios pueden asegurar que sus empresas se mantengan vibrantes y resilientes. Estas prácticas ayudarán a mantener una cultura organizacional positiva y productiva durante años. En última instancia, estas estrategias no solo se tratan de mejoras inmediatas, sino de construir un entorno sostenible y enriquecedor donde tanto el negocio como su gente puedan prosperar juntos.

Comunicación

La comunicación efectiva es una piedra angular de las operaciones comerciales exitosas. Para dominarla verdaderamente, es necesario comprender no solo el lado positivo del diálogo honesto y la escucha activa, sino también los aspectos más oscuros de la comunicación. Este capítulo profundiza en las sutilezas del silencio, la deshonestidad y el juicio, ofreciendo perspectivas sobre cómo estos elementos pueden ser aprovechados para mejorar las habilidades de comunicación de los dueños de negocios y emprendedores.

Entender cuándo hablar y cuándo escuchar es un aspecto fundamental de la comunicación. El silencio, a menudo pasado por alto, es una de las herramientas más poderosas disponibles. En la prisa por llenar los vacíos conversacionales, podemos perder el impacto profundo del silencio. Cuando permaneces en silencio y escuchas, te das el tiempo no solo para absorber lo que se dice, sino también para reflexionar y pensar críticamente sobre tu respuesta. El silencio después de que alguien te hace una pregunta indica que estás considerando genuinamente tu respuesta, demostrando reflexión y respeto. Dominar el silencio te permite evaluar mejor la conversación y decidir el momento adecuado para contribuir, asegurando que tus palabras tengan peso y relevancia.

La deshonestidad, o mentir, es otro tema crítico en la comunicación. En el ámbito empresarial, al igual que en la vida, la verdad absoluta es un concepto complejo y a menudo esquivo. Todo es relativo, y solo podemos esforzarnos por ser tan veraces como nos percibimos a nosotros mismos. Por lo tanto, nuestro objetivo debe ser evitar la deshonestidad, tanto hacia nosotros mismos como hacia nuestros clientes, colegas y empleados. Esto no significa que debamos revelar cada detalle en todo momento, sino que debemos evitar el engaño y la manipulación. Una forma sutil de deshonestidad es el "discurso loco" o el uso de jerga técnica y sinónimos para oscurecer la verdad. Esto puede confundir a las personas y llevar a malentendidos. Como dueño de un negocio, la claridad y la transparencia deben ser prioridades para construir confianza y credibilidad

El juicio es otro aspecto crítico de la comunicación que requiere una consideración cuidadosa. Todos tenemos nuestras propias opiniones y prejuicios, y es imposible eliminar completamente el juicio. Sin embargo, en un contexto empresarial, es crucial manejar y moderar estos juicios. Antes de expresar opiniones o críticas, los dueños de negocios deben ejercer el autojuicio. Reflexionar sobre nuestros propios prejuicios y asegurarnos de que nuestros comentarios sean constructivos y justos puede prevenir conflictos innecesarios y fomentar un ambiente más positivo y colaborativo. Al ser conscientes de cómo y cuándo expresamos nuestros juicios, podemos crear una cultura de comunicación más respetuosa y efectiva.

Al comprender los aspectos más oscuros de la comunicación —el silencio, la deshonestidad y el juicio—obtenemos una visión más completa de cómo comunicarnos de manera efectiva. Reconocer el poder del silencio, esforzarnos por evitar la deshonestidad y gestionar el juicio puede mejorar significativamente nuestra capacidad para conectarnos con los demás y liderar con integridad.

En las próximas secciones, exploraremos herramientas y métodos prácticos que no solo mejoran la comunicación regular, sino que también sirven como una rúbrica integral para generar ideas más rápidamente y estructurarlas de manera más efectiva. Estas técnicas mejorarán nuestras relaciones comerciales y las interacciones en general. Al dominar estas habilidades, los dueños de negocios y emprendedores podrán navegar por las complejidades de la comunicación con mayor facilidad, asegurando que sus mensajes sean claros, respetuosos e impactantes. Integrar estos conocimientos y estrategias fomentará una cultura de transparencia, confianza y respeto mutuo dentro de tu empresa.

La comunicación efectiva es crucial para el éxito de cualquier negocio. Va más allá de los aspectos básicos de hablar y escuchar; implica comprender las estructuras más profundas que pueden hacer o deshacer una conversación. En este capítulo, profundizaremos en tres técnicas poderosas para estructurar la comunicación: Pasado-Presente-Futuro, ¿Que?;Y por qué?;Eso que?, y Problema-Solución-Beneficios. Estas técnicas no solo mejorarán las interacciones cotidianas, sino que también servirán como marcos completos para generar ideas y estructurarlas de manera más efectiva en las relaciones comerciales.

Para dominar verdaderamente estas técnicas de comunicación, es esencial comprender tres conceptos fundamentales: causa y efecto, narrativa y yuxtaposición. Estos elementos proporcionan la columna vertebral para presentar ideas de manera clara y persuasiva. Entender la causa y efecto es fundamental para cualquier forma de comunicación. Implica identificar las razones detrás de los eventos (causas) y sus resultados (efectos). En un contexto empresarial, esto significa ser capaz de rastrear las raíces de los problemas, comprender sus implicaciones y comunicar estos conocimientos de manera efectiva. Por ejemplo, al discutir una caída en las ventas, un dueño de negocio debería poder explicar los factores que contribuyen a ella (causa) y el impacto resultante en la empresa (efecto). Dominar esta técnica permite una presentación clara y lógica de las ideas, lo que facilita que la audiencia siga y entienda el mensaje.

Ser hábil en la narrativa—esencialmente, contar historias—es crucial para una comunicación persuasiva y envolvente. Independientemente de la técnica que se utilice, una narrativa convincente puede captar la atención, generar empatía y transmitir ideas complejas de una manera accesible. Por ejemplo, al utilizar la estructura pasado-presente-futuro, enmarcar la información dentro de un contexto narrativo puede hacer que la progresión sea más comprensible e impactante. De manera similar, en el marco problema-solución-beneficios, contar una historia sobre un desafío específico y cómo se superó puede ilustrar los beneficios de manera más vívida. Una historia bien contada puede transformar conceptos abstractos en experiencias tangibles, haciendo que el mensaje resuene más profundamente con la audiencia.

La yuxtaposición, la práctica de colocar ideas contrastantes una al lado de la otra, es una herramienta poderosa para resaltar diferencias y hacer que los argumentos sean más convincentes. En la comunicación, implica presentar puntos de vista o escenarios opuestos para proporcionar una comprensión más completa del tema. Por ejemplo, al discutir una decisión estratégica en los negocios, yuxtaponer los posibles riesgos frente a los beneficios esperados puede ofrecer una visión equilibrada que facilite la toma de decisiones. Esta técnica subraya la dualidad natural en la vida—al igual que la materia y la antimateria o los sinónimos y antónimos—y ayuda a presentar un argumento bien fundamentado.

Ahora, exploremos en detalle las tres principales estructuras de comunicación. La técnica Pasado-Presente-Futuro implica estructurar tu mensaje discutiendo el pasado, el presente y el futuro de un tema. Es particularmente efectiva para expresar ideas de manera clara y cronológica. Comienza explicando el contexto histórico (pasado), luego describe la situación actual (presente), y finalmente, expón los desarrollos potenciales (futuro). Por ejemplo, al presentar una nueva estrategia de negocios, podrías comenzar hablando de los desafíos y logros pasados, luego pasar a las capacidades y recursos actuales, y concluir con las metas y proyecciones futuras. Esta estructura proporciona un flujo lógico que ayuda a la audiencia a entender cómo las experiencias pasadas moldean el presente e influyen en el futuro.

El marco ¿Qué?;¿Y por qué?; Eso qué? ayuda a hacer que tu mensaje sea relevante y accionable. Comienza exponiendo el hecho o la situación (¿Qué?), luego explica su importancia (¿Y por qué?), y finalmente sugiere los próximos pasos (¿Eso que?). Por ejemplo, si estás presentando un nuevo producto, podrías empezar describiendo las características del producto (¿Qué?), explicar por qué estas características son importantes para el cliente (¿Y por qué?), y luego detallar cómo se puede usar o comprar el producto (¿Eso que?). Esta técnica asegura que tu comunicación no solo sea informativa, sino que también lleve a la audiencia hacia un curso de acción claro.

La estructura Problema-Solución-Beneficios es ideal para abordar desafíos y proponer soluciones efectivas. Comienza definiendo claramente el problema, luego presenta una solución viable y, finalmente, destaca los beneficios de implementar dicha solución. Por ejemplo, al proponer una nueva estrategia de marketing, podrías empezar identificando el problema (disminución del compromiso de los clientes), proponer una solución (una nueva campaña en redes sociales), y luego detallar los beneficios (aumento en el reconocimiento de la marca y lealtad del cliente). Este método asegura que tu comunicación esté enfocada en la resolución de problemas y demuestre el valor de las acciones que propones.

Al dominar estas estructuras de comunicación y los conceptos fundamentales de causa y efecto, narrativa y yuxtaposición, los dueños de negocios y emprendedores pueden mejorar significativamente sus habilidades de comunicación. Estas técnicas no solo serán útiles para las comunicaciones cotidianas, sino que también servirán como rúbricas completas para generar ideas más rápido y estructurarlas mejor. Esto, a su vez, mejorará las relaciones comerciales y las interacciones en general, asegurando que tus mensajes sean claros, respetuosos e impactantes.

Integrar estos conocimientos y estrategias fomentará una cultura de transparencia, confianza y respeto mutuo dentro de tu empresa, allanando el camino para un éxito y crecimiento sostenidos. A medida que avancemos, verás que estas técnicas, combinadas con una comprensión profunda de los aspectos más oscuros de la comunicación, te equiparán con las herramientas necesarias para navegar eficazmente las complejidades de las interacciones comerciales.

Innovación

L os métodos tradicionales están siendo transformados por nuevas tecnologías y una comprensión más profunda de las dinámicas globales y digitales. Este artículo explora estrategias innovadoras que pueden ayudar tanto a los dueños de negocios como a sus empresas a prosperar al integrar la toma de decisiones intuitiva, la conectividad global, la neurociencia, las tendencias históricas, entornos de trabajo flexibles y perspectivas interdisciplinarias. Al adoptar estos enfoques, las empresas pueden mantenerse competitivas y adaptarse en un mundo en constante cambio.

La toma de decisiones intuitiva, combinada con herramientas digitales, representa un enfoque poderoso para predecir tendencias del mercado y tomar decisiones informadas. Este método implica entrenar a los líderes para que aprovechen su instinto junto con análisis digitales. Al integrar la intuición con conocimientos basados en datos, las empresas pueden mejorar su capacidad para prever cambios en el mercado y preferencias del consumidor. Por ejemplo, una empresa tecnológica podría usar simulaciones de realidad virtual para predecir el comportamiento del consumidor, proporcionando una ventaja valiosa en el desarrollo de productos y marketing. Esta combinación de intuición y tecnología asegura que las decisiones sean tanto innovadoras como fundamentadas en la realidad.

La innovación y la conectividad global son cruciales para crear soluciones que satisfagan las diversas necesidades del mercado. Las empresas deben aprovechar los conocimientos de varias culturas para impulsar la innovación y desarrollar productos que resuenen a nivel global. Al aprovechar la riqueza de conocimientos disponibles en diferentes regiones, las empresas pueden crear ofertas que no solo sean innovadoras, sino también culturalmente relevantes. Por ejemplo, una corporación multinacional podría inspirarse en múltiples perspectivas culturales para diseñar productos que se adapten a una amplia gama de preferencias del consumidor, expandiendo así su alcance e impacto global.

Comprender cómo el entorno afecta el intelecto puede mejorar significativamente el pensamiento creativo y la resolución de problemas. Al crear entornos que estimulen el intelecto, las empresas pueden fomentar una cultura de innovación. Por ejemplo, se ha demostrado que incorporar espacios de aprendizaje al aire libre en las escuelas impulsa la creatividad de los estudiantes. De manera similar, las empresas pueden diseñar espacios de trabajo que promuevan el pensamiento creativo al ofrecer entornos diversos y estimulantes. Este enfoque no solo mejora el bienestar de los empleados, sino que también impulsa la innovación y la productividad dentro de la organización.

Predecir el futuro analizando tendencias históricas y datos actuales es una estrategia poderosa para mantenerse a la vanguardia. Las empresas pueden utilizar análisis predictivos e inteligencia artificial para anticipar futuras oportunidades y desafíos. Al examinar tendencias pasadas, las empresas pueden identificar patrones y aplicar este conocimiento para prever cambios en el mercado. Por ejemplo, una empresa que previó el auge de las soluciones de trabajo remoto antes de la pandemia estaba mejor posicionada para adaptarse a la nueva normalidad. Esta previsión les permitió desarrollar y comercializar productos que satisfacían las necesidades emergentes de los trabajadores remotos, dándoles una ventaja competitiva.

Apoyar carreras dinámicas con arreglos de trabajo flexibles es esencial para atraer y retener el mejor talento. Las políticas laborales modernas deben acomodar diversos estilos de vida y trayectorias profesionales, ofreciendo opciones para el trabajo remoto y flexible. Al adoptar estos arreglos, las empresas pueden apoyar el equilibrio entre la vida personal y laboral de sus empleados y mejorar la satisfacción laboral en general. Una empresa que haya hecho la transición efectiva a un entorno de trabajo flexible puede servir como modelo, demostrando cómo estas políticas pueden mejorar la productividad y la moral de los empleados, al mismo tiempo que se mantiene la eficiencia operativa.

Combinar conocimientos de diferentes campos, como la psicología, la tecnología y la sociología, puede mejorar significativamente las estrategias empresariales y los entornos de trabajo. Los enfoques interdisciplinarios permiten a las empresas aprovechar un rango más amplio de conocimientos y perspectivas, lo que conduce a soluciones más holísticas y efectivas. Por ejemplo, una empresa de desarrollo urbano podría utilizar investigaciones psicológicas para diseñar espacios de trabajo que mejoren el bienestar y la productividad de los empleados. Al integrar conocimientos de varias disciplinas, las empresas pueden crear entornos que no solo sean funcionales, sino que también apoyen las necesidades y objetivos de sus empleados.

Al aprovechar la toma de decisiones intuitiva, la conectividad global, la neurociencia, las tendencias históricas, las políticas de trabajo flexibles y los enfoques interdisciplinarios, los dueños de negocios pueden crear organizaciones resilientes e innovadoras. Estas estrategias no solo mejoran el rendimiento empresarial, sino que también contribuyen a una cultura laboral positiva y de apoyo, asegurando el éxito y el crecimiento a largo plazo.

Epilogo

Felicitaciones por embarcarte en este extraordinario viaje de ser dueño de un negocio y emprender. Tu audacia y dedicación te han traído hasta aquí, y ahora es momento de reflexionar sobre los principios fundamentales que te guiarán hacia un éxito duradero. Este viaje ha sido mucho más que solo negocios; ha sido sobre dominar el arte del comercio y entender los principios más profundos que impulsan un crecimiento significativo y sostenible.

A lo largo de este libro, hemos explorado una multitud de ideas, metodologías, consejos, herramientas y perspectivas. Cada concepto, ya sea sobre la intención, los valores fundamentales, la toma de decisiones o la comunicación, fue introducido no para darte todas las respuestas, sino para ayudarte a descubrirlas por ti mismo. La verdadera esencia del aprendizaje y el crecimiento proviene de mantener la curiosidad, hacer preguntas y buscar continuamente entender más sobre ti mismo y tu negocio.

Mi objetivo para esta conclusión no es reexplicar cada tema, sino recordarte la importancia de la curiosidad y la exploración. Estos temas son, sin duda, complejos, y por eso es crucial mantener una mente abierta y nunca dejar de hacer preguntas. Es a través de esta búsqueda incesante de conocimiento y comprensión que encontrarás las respuestas que necesitas y la inspiración para seguir adelante.

En un mundo donde las distracciones son abundantes y la

concentración es un bien escaso, es fácil perderse en el ruido y perder de vista lo que realmente importa. Pero al mantener una mentalidad de curiosidad e intencionalidad, puedes cortar a través del desorden y mantenerte alineado con tu visión y objetivos. Este libro ha sido elaborado para ayudarte a navegar este camino, ofreciendo ideas que te invitan a pensar profundamente y actuar con propósito.

Recuerda, los conceptos de toma de decisiones intuitiva, conectividad global, innovación y liderazgo que discutimos son herramientas para que las adaptes e integres en el contexto único de tu negocio. No son respuestas definitivas, sino puntos de partida para tu viaje. Úsalos para inspirar tu pensamiento, desafiar el status quo y llevar tu negocio hacia adelante con un sentido de propósito y dirección.

La esencia de este libro radica en su intención de empoderarte para pensar críticamente, cuestionar suposiciones y forjar tu propio camino. Los principios de coraje, integridad y responsabilidad, junto con la comunicación efectiva y las estrategias innovadoras, están destinados a ser lentes a través de los cuales ves tu negocio y el mundo que te rodea. Proporcionan un marco, pero dejan espacio para que tu creatividad e individualidad brillen.

A medida que continúas en tu viaje emprendedor, deja que estas ideas te guíen, pero también permítete la libertad de explorar y experimentar. El panorama empresarial está en constante cambio, y la capacidad de adaptarse e innovar es clave para el éxito sostenido. Mantén una mente abierta, sigue siendo curioso y nunca dejes de aprender. Rodéate de personas que te desafíen, que apoyen tu visión y que aporten diversas perspectivas.

Tu viaje es único, y tu negocio tiene su propia historia que contar. Al adoptar los principios discutidos en este libro, estás bien equipado para escribir esa historia con intención, propósito y pasión. Recuerda, el objetivo no es tener todas las respuestas, sino estar dispuesto a buscarlas, aprender de cada experiencia y evolucionar continuamente.

Estoy genuinamente emocionado por lo que puedes lograr con tu negocio. El potencial es ilimitado, y el viaje está lleno de oportunidades para crecer y descubrir. Mi esperanza es que este libro te haya proporcionado las herramientas y la inspiración para perseguir tu visión con confianza y resiliencia. Sigue haciendo preguntas, mantente curioso y, lo más importante, cree en tu capacidad para tener éxito. Vuestro viaje acaba de comenzar, y lo mejor está por venir.

La verdad reside en la simplicidad, la iluminación se encuentra en la naturaleza.

Joaby_Wan